SUITE DU RECUEIL

DES

PIECES ET ACTES

RELATIFS A L'ETABLISSEMENT

DU GOUVERNEMENT IMPÉRIAL

HÉRÉDITAIRE;

IMPRIMÉ PAR ORDRE DU SÉNAT.

A PARIS,

DE L'IMPRIMERIE DE P. DIDOT L'AINÉ,

IMPRIMEUR DU SÉNAT-CONSERVATEUR.

AN XIII.

Séance du 2 brumaire an XIII.

PROJET

DE

SÉNATUS = CONSULTE

Relatif au Recensement des votes émis par le peuple français pour l'hérédité de la dignité Impériale;

Présenté au Sénat dans sa séance du 2 brumaire an XIII, par MM. Bigot Préameneu et Regnaud (de Saint-Jean d'Angely), Orateurs du Conseil d'Etat.

Le SENAT-CONSERVATEUR, réuni au nombre de membres prescrit par l'article 90 de la constitution,

Délibérant sur le message de Sa Majesté Impériale, du 1er de ce mois;

Après avoir entendu le rapport de sa Commission spéciale, chargée de vérifier les registres des votes émis par le peuple français, en exécution de l'art. 142 de l'acte des constitutions de l'Empire, en date du 28 floréal an XII, sur l'acceptation de cette proposition :

« Le peuple français veut l'hérédité de la di-
« gnité impériale dans la descendance directe,
« naturelle, légitime et adoptive de Napoléon
« BONAPARTE, et dans la descendance directe,
« naturelle et légitime de *Joseph* Bonaparte,
« et de *Louis* Bonaparte »; ainsi qu'il est réglé par le Sénatus-consulte de ce jour (28 floréal an XII).

Vu le procès-verbal fait par la Commission spéciale, et qui constate que 3,524,254 citoyens ont donné leurs suffrages, et que 3,521,675 citoyens ont accepté ladite proposition;

Déclare ce qui suit :

Article premier.

La dignité impériale est héréditaire dans la descendance directe, naturelle, légitime et adoptive de Napoléon Bonaparte, et dans la descendance directe, naturelle et légitime de *Joseph*

BONAPARTE, et de *Louis* BONAPARTE; ainsi qu'il est réglé par l'acte des constitutions de l'Empire, en date du 28 floréal an XII.

ART. II.

Le présent Sénatus - consulte sera présenté au Sénat demain 2 brumaire, par MM. Bigot Préa. meneu et Regnaud (de Saint-Jean d'Angely), Conseillers d'Etat.

Au palais de Saint-Cloud, le premier brumaire an XIII.

Signé NAPOLEON.

Par l'Empereur,

Le Secrétaire d'Etat,
Signé HUGUES B. MARET.

DISCOURS

Prononcé par M. BIGOT PRÉAMENEU, l'un des Orateurs du Conseil d'état.

SÉNATEURS,

L'opinion publique et les malheurs dont la nation étoit menacée vous avoient convaincu que des institutions durables pouvoient seules mettre la France à l'abri des tourmentes révolutionnaires, et que le sort de ce grand Empire ne

pouvoit être confié qu'à celui qui, par ses victoi-
res et par son génie, avoit fait cesser cet état de
dissolution sociale dans lequel diverses formes de
gouvernement, inutilement essayées, n'avoient pu
lui faire recouvrer son existence, et le laissoient en
proie aux déchirements des factions et aux com-
plots des conspirateurs. Vous avez les premiers an-
noncé les besoins du peuple et le vœu que vous sa-
viez déja être généralement formé.

Ce que vous ne pouviez alors présenter que
comme un vœu a sur le champ pris tous les carac-
teres de la volonté nationale la plus fortement
prononcée ; ces institutions qui n'étoient point
encore déterminées, l'ont été par une voix qui,
spontanément et dans le même instant, s'est fait
entendre d'un bout de la France à l'autre. Les
habitants des villes, ceux des campagnes, tous les
corps de l'état se sont empressés de déclarer que
la France ne pouvoit avoir un gouvernement heureux et conserver son rang entre les États de
l'Europe si son chef n'étoit revêtu de la dignité
Impériale, et si cette dignité n'étoit pas héréditaire dans sa famille.

Tous ont été animés par les mêmes motifs.

Ils ont cédé à l'expérience des siecles qui prouve
que les grands États ne sauroient se maintenir si

l'autorité n'est concentrée dans des mains qui puissent par-tout la rendre également active et respectable, et si cette autorité n'est transmise d'une génération à l'autre par un ordre de succession tel que les factions et l'ambition ne puissent le troubler.

Tous ont reconnu par leur propre expérience que si déja la France a repris son ancien éclat; si elle est reconnue par l'univers entier comme la premiere et la plus puissante des nations policées; si elle est gouvernée par les meilleures lois que la sagesse humaine ait encore établies ; si l'ordre le plus parfait regne dans toutes les parties de l'administration ; si les sciences, les arts, et tous les genres d'industrie reprennent leur libre et entiere activité, tant d'avantages substitués comme par enchantement à tant de maux, qui semblaient irréparables, sont l'ouvrage de la constance, de la fermeté, du dévouement, et du génie d'un seul homme.

Ils ont reconnu que tous les principes de gouvernement aussi heureusement mis en action, sont ceux qui peuvent fonder la vraie liberté; que par eux sera maintenue l'égalité des droits; que les talens et les vertus sont assurés de leur récompense; que les propriétés reposent sur des

bases inébranlables , et qu'elles sont à jamais af-
franchies de la tyrannie féodale; que la liberté
des cultes n'a jamais été plus protégée; que sous
tous les rapports la dignité de l'homme, avilie en
France par les abus de l'ancien régime, se trouvoit
pleinement rétablie; enfin que tous les vœux for-
més par la nation se trouvoient accomplis.

Ils ont été convaincus que cette immense opération ne pourroit être maintenue et consolidée
que par celui qui avoit été doué d'un génie assez
vaste pour la concevoir et pour l'exécuter, et
qu'après lui sa famille illustrée par tant de gloire,
et devenue chere à la nation par d'aussi beaux
titres , ne pourroit avoir d'autre volonté ni d'autre intérêt que celui de maintenir un ordre social
qui seul peut assurer le bonheur du peuple, bonheur sans lequel il n'est point de gloire pour
ceux qui le gouvernent.

Le chef que tous les citoyens s'empressoient
ainsi d'adopter leur avoit été donné par la providence elle-même. Né avec des qualités dont on
chercheroit en vain un autre exemple dans les
siecles antérieurs, il sembloit réservé pour le moment où la France et avec elle l'Europe seroient
menacées d'un bouleversement destructeur de
toute civilisation. S'il est parvenu au plus haut

degré de grandeur auquel un homme puisse s'é-
lever ; s'il doit être mis au-dessus de ceux que leur
victoire ou leur génie ont rendus célebres, c'est
parcequ'il n'a jamais eu pour but que le bonheur
des hommes ; c'est parcequ'aucun autre n'a été
plus ardent ni plus habile à imaginer ou à faire
agir les ressorts qui peuvent régénérer, maintenir ou accroître, avec la civilisation, la paix entre
les peuples, les mœurs dans chaque nation ; et
puisqu'entre tous les gouvernemens l'on devoit
préférer celui dans lequel l'autorité du chef de
l'état est héréditaire, n'étoit-elle pas également
indiquée par la providence comme étant faite
pour le bonheur du peuple, cette famille auguste
pour qui tous les principes consacrés par son
chef immortel seront un pacte sacré ?

Tels ont été, Sénateurs, les sentimens qui,
dans toutes les parties de la France, ont été ma-
nifestés avec ce genre d'enthousiasme que pouvoient inspirer la force de la vérité, la certitude
du bonheur de trente millions d'hommes, l'amour
de la patrie, la reconnoissance envers celui qui
non seulement avoit sauvé l'Etat, mais auquel
chaque citoyen devoit l'assurance de sa fortune
et de sa vie.

Telles ont été aussi les bases de ce Sénatus-consulte, à jamais célebre, par lequel Napoléon Bonaparte a été proclamé Empereur des Français, et dont le dernier article porte que la proposition suivante sera présentée à l'acceptation du peuple, dans les formes déterminées par l'arrêté du 20 floréal an X.

« Le peuple Français veut l'hérédité de la digni-
« té impériale dans la descendance directe na-
« turelle, légitime et adoptive de Napoléon
« BONAPARTE, et dans la descendance directe,
« naturelle et légitime de *Joseph* Bonaparte et
« de *Louis* Bonaparte, ainsi qu'il est réglé par
« le Sénatus-Consulte organique ».

Cette disposition a été exécutée : plus de 3,500,000 citoyens ont donné leurs suffrages ; et sur ce nombre celui des citoyens qui ont déclaré une opinion différente est si peu considérable, qu'il servira seulement à prouver que cette volonté nationale et presque unanime a été prononcée avec cette pleine indépendance qui devoit sanctionner un aussi grand acte.

Il ne vous reste donc plus, Sénateurs, qu'à déclarer cette volonté du peuple, et tel est l'objet du Sénatus-Consulte que nous sommes chargés de vous présenter.

Le plus beau jour de notre vie est celui où nous pouvons partager au milieu de vous cette vive émotion que cause à tout bon Français la certitude du bonheur dont la France jouira sous l'empire du Héros et du sage que nous admirons de plus en plus chaque jour, et que nous portons tous dans notre cœur; sous l'Empire d'une famille dont le ciel conservera dans une longue suite de siecles l'existence nécessaire pour perpétuer ce bonheur. Mais déjà j'ai à me reprocher d'avoir retardé un instant votre délibération; et s'il m'est permis d'exprimer d'un seul mot les sentiments dont nous sommes agités, je repétérai avec toute la France : Vive l'Empereur ! vive son auguste famille!

RÉPONSE

De Son Excellence M. FRANCOIS (de Neufchâteau),
président du Sénat-Conservateur,

Messieurs les Orateurs du Conseil d'État,

Le Sénat vient d'entendre avec le plus vif intérèt ce que vous avez dit avec la plus douce éloquence, en déposant sur son bureau le relevé des votes émis par le peuple français sur l'importante question que le Sénat-Conservateur a dû soumettre à ses suffrages. La volonté nationale ne pouvoit être interrogée sur un objet plus digne d'intéresser la nation. Le peuple a répondu. Nous allons prendre les moyens de vérifier la maniere dont il s'est expliqué; et nous arriverons ainsi, en suivant scrupuleusement les formes qui nous sont prescrites, au moment de remplir la fonction auguste de proclamer le vœu du véritable souverain sur la transmission héréditaire et immortelle de la grande magistrature de l'Empire français.

Sans vouloir devancer le résultat de ce travail, je puis vous assurer du moins de l'empressement du Sénat pour faire ce grand examen, et parvenir au complément de la mesure décisive qu'il avoit commencée le 28 floréal dernier, et qu'il s'agit de clorre d'une maniere indestructible.

Tout ce qui avoit précédé ce jour si mémorable, tout ce qui s'est passé depuis a bien justifié la résolution prise par le Sénat d'affermir désormais les destinées de la patrie, en élevant au trône celui qui s'est montré si digne de régir la premiere des nations. Nous avons pris sans doute un parti peu commun; mais l'homme qui en est l'objet est si supérieur, et lui-même en un mot

si extraordinaire, que l'on sera toujours beau-
coup plus étonné de ce qu'il a fait pour la France
que de ce qu'elle a fait pour lui. Chaque instant
de son existence renouvelle son sacrifice aux intérêts de son pays. Je n'irai point chercher mes
preuves en Italie ni en Egypte; je ne le suivrai
point au pied des Alpes ni des Pyramides ; sans
m'écarter si loin, je ne m'arrêterai qu'à l'époque
récente du voyage de l'Empereur.

Dans l'article XVI de l'acte des constitutions du
28 floréal, il est écrit que l'Empereur visite les
départements ; et cette disposition , suivie dès
cette année, l'a été de maniere à être tranformée
en un bienfait public.

Vous le savez, messieurs, on a bien vu des
princes qui, sans quitter jamais leur cour, étoient
pour ainsi dire toujours absents de leurs états.
Celui qui ne gouverne point n'est présent nulle
part.

Mais quelle différence entre l'invisibilité de ces
fantômes couronnés, de qui les regnes les plus
longs n'étoient qu'une éternelle éclipse, et l'éclat
dont brille sans cesse l'astre que le génie fait luire
sur nos têtes ! astre toujours serein , quoique toujours en mouvement ; qui vivifie en même temps
toutes les parties de l'Empire, et n'éclaire pas

moins celles dont il s'éloigne que celles même qu'il parcourt!

Pendant près de trois mois que S. M. I. a quitté son palais pour les camps et pour les frontieres, nous avons compté tous les jours qu'a duré son absence; nous les avons comptés par le nombre des monuments et des grands souvenirs que cette ame féconde laisse par-tout sur son passage.

Dans cette marche triomphale que traçoient devant lui les ombres de César et de Charlemagne, nous l'avons suivi en idée de Boulogne à Aix-la-Chapelle, de Bruxelles à Cologne, et de Maïence à Luxembourg. Ces fameuses cités redevenues françaises par la force des armes, le seront bien plus désormais par la douceur des lois. Les contrées qui ont le bonheur de voir l'Empereur des Français sont comme de nouveau conquises à l'Empire.

Eh! quand la sagesse commande, qui regretteroit d'obéir? Eh! qui pourroit se refuser à l'admiration qu'imposent cette prévoyance si vaste, ces travaux si infatigables, ce dévouement si absolu de tous les instants d'une vie enchaînée au bonheur et à la gloire des Français?

Trois mois de cette vie illustre feroient l'histoire d'un long regne.

Comment pourrois-je rassembler dans un cadre précis tout ce qu'a opéré de bien en un si rapide intervalle l'activité qui semble multiplier les heures et doubler l'existence du héros des Français ? Dans ce tableau si resserré, combien d'objets frappent ma vue !

Ces grands travaux exécutés dans le port de Boulogne, à Wimereux, à Ambléteuse :

Le 28 thermidor, jour fortuné de la naissance de Napoléon BONAPARTE, achevant d'affermir les digues de Cherbourg et créant l'arsenal d'Anvers :

Les aigles de l'honneur tirés par un héros des casques de Duguesclin et de Bayard, pour décorer leurs successeurs à la vue de nos ennemis :

Ces ennemis aveugles essayant vainement d'écraser de la masse de leur citadelles flottantes l'avant-garde de nos chaloupes, encouragée par la présence, non d'un simple amiral, mais du chef même de l'Etat, qui a tout calculé excepté son propre danger :

Au milieu de ces soins guerriers, les ressources de nos finances préparées pour l'an XIII comme au sein d'une paix profonde :

Plusieurs décrets impériaux, répandant la lu-

miere au milieu du chaos des titres et des dé
combres féodaux de la rive gauche du Rhin :

Les temples du commerce relevés aux bords
de ce fleuve, à Cologne, à Maïence :

La fosse Eugénienne rouvrant à la Meuse et
au Rhin son lit abandonné :

Des routes dessinées à travers des contrées jusqu'ici presque inaccessibles :

La main qui venoit de lancer sur nos perfides
ennemis les foudres de la guerre, signant en
même temps pour l'intérieur de la France les
bienfaits de la paix ; car comment nommer au-
trement le décret du 7 fructidor, donné au pont
de Brique, qui promet à l'agriculture la bien-
veillance impériale ?

Le décret du 24 du même mois de fructidor,
daté d'Aix-la-Chapelle, qui appelle tous les dix
ans sur les marches du trône les hommes les
plus distingués dans la culture des sciences, des
lettres et des arts, pour être couronnés des propres mains de l'Empereur ?

Le decret plus récent du 9 vendémiaire, qui
érige enfin dans Maïence une place publique
sous le nom de ce Guttemberg, inventeur de l'im-
primerie, qui a changé chez les modernes la
marche de l'esprit humain ?

La mémoire de Fénélon, le précepteur des princes et le sincere ami des peuples, consacrée par la fête que S. M. l'Empereur a autorisée dans Cambrai :

L'ombre de Vauban consolée des outrages qu'elle a reçus, et son cœur bientôt apporté sous le dôme des Invalides, à côté du cœur de Turenne, par les ordres d'un prince qui sait rendre justice aux grands hommes de tous les siecles, et qui aime sur-tout ceux qui, comme Vauban, ont empêché la France d'être la proie des étrangers :

Tant d'autres sublimes pensées, tant d'autres grands objets, qui ne peuvent pas être encore tous connus, et qui n'ont laissé en arriere aucun des plus petits détails d'un bon gouvernement:

Voilà une esquise imparfaite du tableau que présentent les quatre-vingts journées employées au voyage de S. M. I.

Ce n'est pas tout encore; dans le même temps l'Empereur a entretenu jour par jour avec tous ses ministres une correspondance lumineuse et profonde; suite étonnante de chefs-d'œuvre dont le mystere fait partie des secrets de l'Etat, mais dont la publication, si elle étoit jamais possible, ajouteroit encore à la gloire de son auteur, et suffiroit à elle seule pour lui fonder dans l'avenir une nouvelle renommée.

L'Empereur étoit loin de nous ; cependant on le sait, messieurs, et il est bon de le redire, la ville de Paris, appuyée sur sa providence, a été constamment tranquille ; la véritable liberté n'y fut jamais plus respectée. Cette superbe capitale a vu ses habitans jouir comme autrefois des charmes de la société. La foule s'est portée au salon des beaux arts, ou à la contemplation des immenses préparatifs qui annoncent de toutes parts les fêtes du couronnement.

Vainement l'Angleterre a cru, pour exciter des troubles, saisir l'instant de cette absence. Non, le génie de l'Empereur est toujours au milieu de nous : il a fondé notre repos ; les inspirations anglaises ne peuvent pas plus le troubler que leurs machines infernales n'ont réussi dans le projet d'incendier nos ports.

Ah ! ce n'est qu'aux incendiaires qu'il appartient d'être inquiets. Leur isle est dans les transes et les convulsions de son agonie politique. Nous sommes dans le calme et la sécurité de notre nouvelle existence. Le ciel, favorable aux desseins du grand homme qui nous gouverne, semble lui accorder en tout les présages les plus heureux.

Digne chef des guerriers modernes, à son arrivée à Boulogne son logis militaire a pu être construit des débris d'un camp des Romains.

Auguste Empereur des Français, c'est dans les remparts même d'Aix-la-Chapelle et de Maïence, cités naguere germaniques, qu'il a pu recevoir les Princes de la Germanie, jaloux d'admirer de plus près celui qui a fixé les destins de la France.

Pere adoré de la patrie, la veille même de ce jour où Paris devoit le revoir, il a su que Paris avoit vu naître dans son sein un Prince, nouveau gage de la stabilité de l'acte des constitutions du 28 floréal dernier.

Sous quel auspice favorable il commence la vie, ce nouvel héritier du nom le plus cher aux Français! Précurseur des fêtes du sacre et du serment de l'Empereur, qu'il ajoute un tendre intérêt à l'enthousiasme qu'inspire cette grande solennité! Quel évènement important pour le système politique que l'intérêt du peuple nous a fait proposer, et qui va être enfin ratifié et proclamé par son expresse volonté!

Ceci me ramene, messieurs, à l'objet de votre discours. Peut-être ai-je été emporté trop loin du but de ma réponse quand je me suis abandonné au plaisir d'exprimer, en vous parlant de l'Empereur, tout ce que nous pensons pour lui : je n'ai pu contenir un sentiment si naturel. Pourrions-nous sans ingratitude jouir des avantages d'un bon gouvernement, et nous taire sur les merveilles dont nous sommes témoins ? Nous pouvons rendre cet hommage à la vertu, quoique vivante, sans crainte d'être démentis par la postérité. Les paroles peuvent flatter ; c'est le danger de l'éloquence : les faits seuls sont irrécusables ; c'est le langage de l'histoire. En lisant ce que fit le grand Napoléon, la postérité sera juste et l'admirera comme nous ; mais c'est à ses contemporains, heureux de vivre sous ses lois, de lui rendre une autre justice, et de l'aimer comme il doit l'être.

C'est à nous sur-tout, Sénateurs, à nous féliciter d'avoir vu une époque qui sera un jour si fameuse dans les fastes du monde ; d'avoir pu concourir à réconcilier la liberté du peuple avec l'autorité de la puissance exécutive ; et enfin d'avoir préparé, sous l'influence d'un grand homme, le retour de notre patrie au seul régime politique convenable à son territoire, propre à sa population, assorti à tous ses besoins.

Le 28 floréal dernier nous découvrîmes la façade de ce grand édifice : vous nous apportez aujourd'hui les matériaux attendus pour poser sa derniere pierre. Assise sur le vœu du peuple, elle sera inébranlable. Le *dix- huit brumaire* s'avance; de grands souvenirs s'y attachent. Nous rendrons son anniversaire aussi heureux que solennel quand nous pourrons dire aux Français: O chers concitoyens, vos volontés sont accomplies, et les destinées de l'Empire cimentées pour l'éternité!

Messieurs, le Sénat va renvoyer le projet du Sénatus-consulte et les pieces qui l'accompagnent à une Commission spéciale, qui lui fera un rapport sur l'objet important que vous venez de lui transmettre.

Séance du 15 brumaire.

Procès-verbal du Récensement des votes émis par le peuple français sur l'hérédité du pouvoir impérial, dressé en exécution de l'arrêté du Sénat, du 2 brumaire an XIII.

Le 3 brumaire an XIII, les Sénateurs sous-signés, membres de la Commission spéciale chargée par délibération du sénat en date du jour d'hier, de l'examen du projet de sénatus-consulte que sa majesté Impériale a fait remettre ledit jour au Sénat par des orateurs du Gouvernement, ainsi que du recensement des votes émis par le peuple français sur la proposition suivante : « Le peuple veut l'hérédité de la « dignité impériale dans la descendance directe, « naturelle, légitime et adoptive de NAPOLÉON « BONAPARTE, et dans la descendance directe, « naturelle et légitime de JOSEPH BONAPARTE et « de LOUIS BONAPARTE, ainsi qu'il est réglé par « le Sénatus-consulte organique du 28 floréal « an XII » : après avoir considéré que si les registres contenant lesdits votes se trouvent à la disposition du Sénat, le déplacement et le transport d'une quantité aussi considérable de papiers entraîneroient des lenteurs, ont arrêté, pour la célérité de l'opération, de se transporter au dépôt provisoire où sont ces papiers.

Et de suite ils se sont transportés dans une maison occupée par la première division du ministere de l'intérieur, où la remise desdits papiers leur a été faite.

Ils ont trouvé les registres de chaque département réunis en un ou plusieurs dossiers, et le tout classé et disposé dans un ordre très régulier.

Conformément au décret du 29 floréal, ces registres ont été ouverts aux secrétariats de toutes les Administrations et de toutes les Municipalités ; aux greffes de tous les Tribunaux, chez tous les Juges-de-paix, et chez tous les Notaires ; chaque dépositaire d'un registre l'a arrêté, et après avoir porté au bas le relevé des votes et certifié le tout, l'a adressé au Maire de sa Municipalité ; celui-ci l'a fait passer au Sous-Préfet de son arrondissement avec un relevé de lui certifié et conforme au modele qui avoit été envoyé ; chaque Sous-Préfet a transmis au Préfet les registres de son arrrondissement, avec un relevé de lui certifié et conforme aussi à un second modele imprimé ; chaque Préfet a ensuite adressé au Ministre de l'intérieur les registres de son département, avec un relevé général de lui certifié et conforme à un troisieme modele également imprimé.

Les votes émis dans le département de la Seine ont été adressés soit au Préfet du département, soit au Préfet de police, soit directement au Ministre de l'intérieur. Les chefs de chaque établissement ou corps ont certifié le contenu des registres.

Plusieurs Maires ne s'étant pas conformés aux

instructions qu'ils avoient reçues , ont adressé directement au Ministre de l'intérieur les registres
de leur commune : on les a renvoyés aux Préfets ,
qui les ont transmis de nouveau , après les avoir
légalisés et certifiés.

Tous les départements sans aucune exception
ont envoyé leurs registres.

Il est parvenu quelques votes isolés : on n'en a
point tenu compte.

Le Ministre des relations extérieures a envoyé
à celui de l'intérieur les votes des Français em-
ployés ou résidents momentanément en pays
étrangers : quelques uns de ces votes avoient
été adressés immédiatement par les votants ; d'autres ont été consignés sur des registres ouverts à
cet effet chez nos agents diplomatiques qui les
ont certifiés.

Un grand nombre de suppléments de votes étant
parvenus au Ministre de l'intérieur depuis la con-
fection du tableau annexé au projet de Sénatus-
consulte , ces suppléments ont été représentés aux
commissaires, qui ont arrêté, 1° de former deux
résultats , le premier du montant des votes tel qu'il
étoit à l'époque où ledit tableau a été dressé ; et le
second contenant le nombre total des votes tel

qu'il est aujourd'hui , d'après les registres et les suppléments ; 2° d'annexer au présent procès-verbal , un tableau *par Départements* où les derniers suppléments ne seroient pas compris ; 3° de faire dresser , pour être annexé également au procès-verbal , un second tableau par arrondissements de sous préfectures , qui présentera la totalité des votes actuels.

De la vérification et du récensement opérés de la maniere susdite , il résulte , 1° que sur la proposition de l'hérédité du pouvoir impérial , telle qu'elle est énoncée en l'article 142 du Sénatus-Consulte du 28 floréal dernier , et rapportée au commencement du présent acte , le nombre des votants , tel qu'il étoit parvenu peu de jours avant la rédaction du projet de Sénatus-consulte , en y comprenant les 400,000 votes de l'armée de terre et les 50,000 des armées navales , se trouve de 3,524,254 , et le nombre des registres de 60,870 ; que le nombre des votes affirmatifs est de 3,521,675 , et celui des votes négatifs de 2,569.

Il résulte , 2° que le nombre des votants , tel qu'il se trouve aujourd'hui d'après la totalité des pieces représentées aux Commissaires est de 3,574,898 votants , et le nombre des registres de 61,968 ; que le nombre des votes affirmatifs est de 3,572,329, et celui des votes négatifs de 2,579 : qu'ainsi le nombre des votes affirmatifs excede aujourd'huy de 50,654 la quantité des mêmes votes énoncée au projet de Sénatus-consulte.

Le procès verbal ci-dessus arrêté et clos le 12 brumaire an XIII, et signé de chacun des membres de la Commission.

Signé à la minute, Lacepede, Boissy-d'Anglas, Jaucourt, Roederer, Lenoir-Laroche, Démeunier et Vernier.

(Suivent les deux Tableaux.)

N° I. Relevé général, *par départements, des votes émis par le peuple français sur la proposition présentée à son acceptation par le Sénatus-consulte organique du 28 floréal an 12.*

Le peuple veut l'hérédité de la dignité impériale dans la descendance directe, naturelle, légitime et adoptive de NAPOLÉON BONAPARTE, et dans la descendance directe, naturelle et légitime de Joseph Bonaparte et de Louis Bonaparte, ainsi qu'il est réglé par le Sénatus-consulte du 28 floréal an 12.

N. B. Ce Tableau ne contient pas les votes exprimés aux registres qui sont arrivés en dernier lieu.

DEPARTEMENTS.	NOMBRE des REGISTRES.	NOMBRE DES VOTES			OBSERVATIONS.
		POUR OUI.	POUR NON.	TOTAL.	
1. Ain.	545	27,390	17	27,407	
2. Aisne.	1,089	24,546	34	24,580	
3. Allier.	430	23,603	3	23,606	
4. Alpes (Basses).	303	15,534	1	15,535	
5. Alpes (Hautes).	281	25,013	»	25,013	
6. Alpes maritimes.	173	8,590	5	8,595	
7. Ardeche.	496	19,416	12	19,428	
8. Ardennes.	734	21,656	18	21,674	
9. Arriege.	441	23,514	3	23,517	
10. Aube.	621	30,804	25	30,829	
11. Aude.	»	13,829	3	13,832	
12. Aveyron	487	20,412	4	20,416	
13. Bouches du Rhône.	274	14,043	4	14,047	
14. Calvados.	959	24,362	19	24,381	
15. Cantal.	141	6,276	3	6,279	
	6,974	294,988	151	295,139	

DEPARTEMENTS.	NOMBRE des REGISTRES.	NOMBRE DES VOTES			OBSERVATIONS.
		POUR OUI.	POUR NON.	TOTAL.	
De l'autre part. . . .	6,974	294,988	151	295,139	
16. Charente.	670	21,482	18	21,500	
17. Charente inférieure. .	768	23,245	25	23,270	
18. Cher.	409	37,802	2	37,804	
19. Correze.	411	28,973	»	28,973	
20. Côte d'Or.	854	19,702	27	19,729	
21. Côtes du Nord. . . .	580	18,242	19	18,261	
22. Creuse.	455	15,982	13	15,995	
23. Doire.	252	7,505	41	7,546	
24. Dordogne.	826	40,659	32	40,691	
25. Doubs	722	15,197	78	15,275	
26. Drôme.	494	18,998	9	19,007	
27. Dyle.	639	73,523	6	73,529	
Ecole de Rome . . .	1	19	»	19	
28. Elbe (Isle d')	»	4,487	100	4,587	Y compris les militaires au nombre de 2,312, dont 60 votes négatifs.
29. Escaut.	551	41,986	14	42,000	
30. Eure.	841	24,867	6	24,873	
31. Eure et Loir.	629	23,931	11	23,942	
32. Finistere	388	12,066	1	12,067	
33. Forèts	476	23,740	32	23,772	
34. Gard	530	20,984	»	20,984	
35. Garonne (Haute). . .	883	38,325	7	38,332	
36. Gers.	841	24,224	19	24,243	
37. Gironde.	763	20,517	21	20,538	
38. Golo.	348	28,864	1	28,865	
39. Hérault.	494	23,185	7	23,192	
40. Ille et Vilaine	562	20,769	11	20,780	
	21,361	924,262	651	924,913	

DEPARTEMENTS.	NOMBRE des REGISTRES.	NOMBRE DES VOTES			OBSERVATIONS.
		POUR OUI.	POUR NON.	TOTAL.	
Ci-contre	21,361	924,262	651	924,913	
41. Indre.	364	10,013	»	10,013	
42. Indre et Loire. . . .	510	18,734	6	18,740	
43. Isere.	773	82 084	12	82,096	
44. Jemmapes.	559	19,038	19	19,057	
45. Jura.	858	17,275	74	17,349	
46. Landes.	460	45,767	6	45,773	
47. Léman	239	10,114	43	10,157	
48. Liamone	196	16,153	»	16,153	
49. Loir et Cher. . . .	423	10,733	8	10,741	
50. Loire.	417	14,227	5	14,232	
51. Loire (Haute). . .	425	21,865	»	21,865	
52. Loire inférieure . .	390	24,503	3	24,506	
53. Loiret	534	22,990	»	22,990	
54. Lot.	581	39,783	6	39,789	
55. Lot et Garonne. . .	653	19,985	10	19,995	
56. Lozere	293	12,007	4	12,011	
57. Lys	376	18,223	8	18,231	
58. Maine et Loire. . .	602	40,579	10	40,589	
59. Manche.	809	48,430	8	48,438	
60. Marengo	382	25,348	18	25,366	
61. Marne	871	18,990	17	19,007	
62. Marne (Haute). . .	707	19,280	25	19,305	
63. Mayenne	397	15,712	2	15,714	
64. Meurthe	860	32,316	41	32,357	
65. Meuse	722	21,152	17	21,169	
66. Meuse inférieure. .	354	30,227	11	30,238	
	35,026	1,579,770	1,004	1,580,774	

DÉPARTEMENTS.	NOMBRE des REGISTRES.	NOMBRE DES VOTES			OBSERVATIONS.
		POUR OUI.	POUR NON.	TOTAL.	
De l'autre part. . . .	35,026	1,579,770	1,004	1,580,774	
67. Mont-Blanc.	35o	22,649	12	22,661	
68. Mont-Tonnerre . . .	576	39,299	131	39,43o	
69. Morbihan.	372	19,535	1	19,536	
70. Moselle.	1,031	54,975	26	55,001	
71. Nethes (Deux). . . .	251	11,387	9	11,396	
72. Nievre	469	26,654	8	26,662	
73. Nord.	898	65,088	31	65,119	
74. Oise.	86o	34,236	17	34,253	
75. Orne.	763	26,573	10	26,583	
76. Ourthe.	462	29,359	10	29,369	
77. Pas-de-Calais. . . .	1,123	56,542	17	56,559	
78. Pò.	595	23,571	204	23,775	
79. Puy-de-Dôme. . . .	789	30,974	13	30,987	
80. Pyrénées (Basses) . .	759	41,059	18	41,077	
81. Pyrénées (Hautes). .	611	22,461	17	22,478	
82. Pyrénées orientales. .	243	9,451	17	9,468	
83. Rhin (Bas)	755	53,406	18	53,424	
84. Rhin (Haut).	795	53,673	127	53,800	
85. Rhin et Moselle . . .	34o	36,382	88	36,470	
86. Rhône.	384	15,247	7	15,254	
87 Roër.	440	93,685	151	93,846	
88. Sambre et Meuse. . .	56o	11,739	3	11,742	
89. Saone (Haute). . . .	784	32,113	74	32,187	
90. Saone et Loire. . . .	861	54,659	14	54.673	
91. Sarre.	260	38,909	68	38,977	
92. Sarthe	593	26,154	6	26,160	
	5o,95o	2,5o2,63o	2,051	2,5o4,681	

DEPARTEMENTS.	NOMBRE des REGISTRES.	NOMBRE DES VOTES			OBSERVATIONS.
		POUR OUI.	POUR NON.	TOTAL.	
Ci-contre	50,950	2,502,630	2,051	2,504,681	
93. Seine.	432	120,947	70	121,017	
94. Seine inférieure . . .	1,107	64,208	10	64,218	
95. Seine et Marne. . . .	711	33,549	13	33,562	
96. Seine et Oise.	881	52,906	9	52,915	
97. Sezia.	359	14,071	90	14,161	
98. Sevres (Deux). . . .	507	27,548	»	27,548	
99. Somme.	1,042	19,869	26	19,895	
100. Sture	320	17,568	65	17,633	
101. Tanaro.	495	33,853	32	33,885	
102. Tarn.	519	38,626	7	38,633	
103. Var.	480	10,585	»	10,585	
104. Vaucluse	346	17,780	»	17,780	
105. Vendée.	420	16,632	7	16,639	
106. Vienne	488	16,591	7	16,598	
107. Vienne (Haute) . . .	334	19,822	»	19,822	
108. Vosges	654	20,480	107	20,587	
109. Yonne	681	31,106	14	31,120	
TOTAUX	60,816	3,069,911	2,558	3,072,469	
Armée de terre.	»	400,000	»	400,000	
Armée navale	»	50,000	«	50,000	
Agences politiq. et commerc.	54	1,764	11	1,775	
TOTAUX GÉNÉRAUX. . .	60,870	3,521,675	2,569	3,524,244	

N° II. RELEVÉ GÉNÉRAL *des votes émis par le peuple français sur la proposition présentée à son acceptation par le Sénatus-consulte organique du 28 floréal an 12.*

LE peuple français veut l'hérédité de la dignité impériale dans la descendance directe, naturelle, légitime et adoptive de NAPOLÉON BONAPARTE, et dans la descendance directe, naturelle et légitime de JOSEPH BONAPARTE et LOUIS BONAPARTE, ainsi qu'il est réglé par le Sénatus-consulte organique du 28 floréal an 12.

Nota. Ce tableau, par arrondissement de sous-préfecture, offre le résulat de la totalité des registres qui ont été examinés par les commissaires du Sénat, et donne les 50,654 votes affirmatifs au-delà du nombre relaté dans le Sénatus-consulte du 15 brumaire.

DÉPARTEMENTS.	ARRONDISSEMENTS.	RELEVÉ PAR ARRONDISSEMENTS.				RELEVÉ PAR DÉPARTEMENTS.			
		NOMBRE de registres.	Pour oui.	Pour non.	TOTAL.	NOMBRE de registres.	Pour oui.	Pour non.	TOTAL.
1. Ain.	Belley.	144	7016	10	7026	545	27390	17	27407
	Bourg.	178	10496	2	10498				
	Nantua.	81	3259	2	3261				
	Trévoux.	142	6619	3	6622				
2. Aisne.	Châteauthiéry.	169	3440	7	3447	1089	24546	34	24580
	Laon.	372	7833	10	7843				
	Quentin (Saint).	159	2262	4	2266				
	Soissons.	206	4544	5	4549				
	Vervins.	183	6467	8	6475				
	Report	1634	51936	51	51987				

DÉPARTEMENTS.	ARRONDISSEMENTS.	RELEVÉ PAR ARRONDISSEMENTS.				RELEVÉ PAR DÉPARTEMENTS.			
		NOMBRE de registres.	NOMBRE DE VOTES			NOMBRE de registres.	NOMBRE DE VOTES		
			Pour oui.	Pour non.	TOTAL.		Pour oui.	Pour non.	TOTAL.
	De l'autre part					1634	51936	51	51987
3. Allier.	Gannat.	83	4278	»	4278				
	Montluçon	124	6916	3	6919	430	23603	3	23606
	Moulins.	130	7902	»	7902				
	Palisse (la)	93	4507	»	4507				
4. Alpes (Basses) . . .	Barcelonnette	43	2020	»	2020				
	Castellanne.	71	2500	»	2500				
	Digne.	145	5375	»	5375	434	16588	1	16589
	Forcalquier	92	3854	1	3855				
	Sisteron.	83	2839	»	2839				
5. Alpes (Hautes). . .	Briançon	54	4341	»	4341				
	Embrum	54	4148	»	4148	281	25013	»	25013
	Gap	173	16524	»	16524				
6. Alpes maritimes . .	Monaco.	42	2284	»	2284				
	Nice.	67	3488	2	3490	173	8590	5	8595
	Puget-Theniers	64	2818	3	2821				
7. Ardeches	Largentiere.	154	6940	»	6940				
	Privas	163	6481	1	6482	496	19416	12	19428
	Tournon	179	5995	11	6006				
	Report					3448	145146	72	145218

DÉPARTEMENTS.	ARRONDISSEMENTS.	RELEVÉ PAR ARRONDISSEMENTS.				RELEVÉ PAR DÉPARTEMENTS.			
		NOMBRE de registres.	NOMBRE DE VOTES			NOMBRE de registres.	NOMBRE DE VOTES		
			Pour oui.	Pour non.	TOTAL.		Pour oui.	Pour non.	TOTAL.
	De l'autre part . .					3448	145146	72	145218
	Mézieres	125	3710	2	3712				
	Rhétel	157	4978	11	4989				
8. Ardennes	Rocroy.	138	4947	2	4949	734	21656	18	21674
	Sédan.	138	4149	1	4150				
	Vouziers	176	3872	2	3874				
	Foix	206	9744	1	9745				
9. Arriége	Girons (Saint-).	122	8068	1	8069	462	23514	3	23517
	Pamiers.	134	5702	1	5703				
	Arcis sur Aube.	113	4103	4	4107				
	Bar sur Aube	117	6622	5	6627				
10. Aube.	Bar sur Seine	127	6480	6	6486	626	30804	25	30829
	Nogent sur Seine. . . .	80	4374	1	4375				
	Troies	184	9225	9	9234				
	Carcassone.	168	5389	»	5389				
11. Aude.	Castelnaudari	72	2563	2	2565	296	13829	3	13832
	Limoux	»	3799	1	3800				
	Narbonne.	56	2078	»	2078				
	Report.					5566	234949	121	235070

5

DÉPARTEMENTS.	ARRONDISSEMENTS.	RELEVÉ PAR ARRONDISSEMENTS.				RELEVÉ PAR DÉPARTEMENTS.			
		NOMBRE de registres.	NOMBRE DE VOTES			NOMBRE de registres.	NOMBRE DE VOTES		
			Pour oui.	Pour non.	TOTAL.		Pour oui.	Pour non.	TOTAL.
	Ci-contre.					5566	234949	121	235070
	Afrique (Saint-)	51	3086	1	3087				
	Espalion	85	4001	1	4002				
12. Aveyron	Milhau	80	4149	2	4151	487	20412	4	20416
	Rodès	108	5319	»	5319				
	Villefranche	163	3857	»	3857				
	Aix	92	5022	1	5023				
13. Bouches du Rhône.	Marseille	90	5068	3	5071	274	14043	4	14047
	Tarascon	92	3953	»	3953				
	Baïeux	144	3930	3	3933				
	Caen	223	5578	8	5586				
14. Calvados	Falaise	145	3822	5	3827	959	24362	19	24381
	Lisieux	176	3488	1	3489				
	Pont-l'Evêque	157	3337	»	3337				
	Vire	114	4207	2	4209				
	Aurillac	142	6384	3	6387				
15. Cantal	Flour (Saint-)	121	5169	»	5169	434	18897	3	18900
	Mauriac	124	4780	»	4780				
	Murat	47	2564	»	2564				
	Report.					7720	312663	151	312814

DÉPARTEMENTS.	ARRONDISSEMENTS.	RELEVÉ PAR ARRONDISSEMENTS.				RELEVÉ PAR DÉPARTEMENTS.			
		NOMBRE de registres.	NOMBRE DE VOTES			NOMBRE de registres.	NOMBRE DE VOTES		
			Pour oui.	Pour non.	TOTAL.		Pour oui.	Pour non.	TOTAL.
	Ci-contre.					7720	312663	151	312814
16. Charente	Angoulême	232	6840	10	6850				
	Barbezieux	123	3556	1	3557				
	Cognac	107	2407	5	2412	670	21482	18	21500
	Confolens	110	2782	2	2784				
	Ruffec	98	5897	»	5897				
17. Charente inférieure.	Jean d'Angéli (Saint-)	169	4680	4	4684				
	Jonsac	164	5420	5	5425				
	Marennes	56	2087	1	2088	768	23245	25	23270
	Rochefort	106	3410	5	3415				
	Rochelle (la)	104	3206	4	3210				
	Saintes	169	4442	6	4448				
18. Cher	Amand (Saint-)	162	12009	»	12009				
	Bourges	144	18099	»	18099	409	37792	2	37794
	Sancerre	103	7684	2	7686				
19. Correze	Brives	140	11198	»	11198				
	Tulle	163	10207	»	10207	411	28973	»	28973
	Ussel	108	7568	»	7568				
	Report.	9978	424155	196	424351				

DÉPARTEMENTS.	ARRONDISSEMENTS.	RELEVÉ PAR ARRONDISSEMENTS.				RELEVÉ PAR DÉPARTEMENTS.			
		NOMBRE de registres.	NOMBRE DE VOTES			NOMBRE de registres.	NOMBRE DE VOTES		
			Pour oui.	Pour non.	TOTAL.		Pour oui.	Pour non.	TOTAL.
	De l'autre part. . .					9978	424155	196	424351
20. Côte d'Or	Beaune	232	5632	5	5637	854	19702	27	19729
	Châtillon	132	2924	6	2930				
	Lyon	301	7032	9	7041				
	Sémur	189	4114	7	4121				
21. Côtes du Nord. . .	Brieuc (Saint-)	152	4884	5	4889	580	18242	19	18261
	Dinan	119	4328	5	4333				
	Guingamp	119	3325	2	3327				
	Lannion	100	2386	4	2390				
	Luodéac	90	3319	3	3322				
22. Creuse	Aubusson	159	5666	11	5677	455	15982	13	15995
	Bourganeuf	90	1865	1	1866				
	Boussac	84	3846	»	3846				
	Gueret	122	4605	1	4606				
23. Doire	Aoste	86	3504	3	3507	252	7505	41	7546
	Chivas	56	2079	31	2110				
	Yvrée	110	1922	7	1929				
	Report. . . .					12119	485586	296	485882

DÉPARTEMENTS.	ARRONDISSEMENTS.	RELEVÉ PAR ARRONDISSEMENTS.				RELEVÉ PAR DÉPARTEMENTS.			
		NOMBRE de registres.	NOMBRE DE VOTES			NOMBRE de registres.	NOMBRE DE VOTES		
			Pour oui.	Pour non.	TOTAL.		Pour oui.	Pour non.	TOTAL.
	Ci-contre.					12119	485586	296	485882
24. Dordogne.	Bergerac	221	8606	7	8613				
	Nontrou	125	7095	1	7096				
	Périgueux.	179	8908	9	8917	826	40659	32	40961
	Riberac.	127	5395	14	5409				
	Sarlat	174	10655	1	10656				
25. Doubs	Beaume	229	4234	17	4251				
	Besançon.	249	5617	12	5629	722	15197	68	15265
	Hippolyte (Saint-). . . .	133	2671	30	2701				
	Pontarlier.	111	2675	9	2684				
26. Drôme.	Dye..	139	6063	2	6065				
	Montelimars.	97	3317	4	3321	494	18998	9	19007
	Nyons	101	3491	»	3491				
	Valence.	157	6127	3	6130				
27. Dyle.	Bruxelles.	265	31258	3	31261				
	Louvain	217	26501	2	26503	639	73523	6	73529
	Nivelles.	157	15764	1	15765				
28. Elbe (Isle d') . . .					Y compris les milit. au nombre de 2312 , dont 60 votes négat.	16	4487	100	4587
	Report. . .	14816					638450	511	639961

DÉPARTEMENTS.	ARRONDISSEMENTS.	RELEVÉ PAR ARRONDISSEMENTS.				RELEVÉ PAR DÉPARTEMENTS.			
		NOMBRE de registres.	NOMBRE DE VOTES			NOMBRE de registres.	NOMBRE DE VOTES		
			Pour oui.	Pour non.	TOTAL.		Pour oui.	Pour nen.	TOTAL.
	De l'autre part. . .					14816	638450	511	639961
29. Escaut	Oudenarde.	163	10600	2	10602				
	Ecloo	101	3476	1	3477	551	41986	14	42000
	Gand	160	15976	5	15981				
	Termonde.	127	11934	6	11940				
30. Eure.	Andelys (les). . . .	163	3805	»	3805				
	Bernay	163	4104	3	4107				
	Evreux.	219	9958	2	9960	841	24867	6	24873
	Louviers.	138	2469	»	2469				
	Pont-Audemer. . . .	158	4531	1	4532				
31. Eure et Loir	Chartres	233	6983	6	6989				
	Chateaudun.	123	6904	4	6908	629	23931	11	23942
	Dreux.	183	5835	1	5836				
	Nogent-le-Rotrou. . . .	90	4209	»	4209				
32. Finistere.	Brest	116	2445	»	2445				
	Chateaulin	67	2525	»	2525				
	Morlaix	111	2137	1	2138	428	13622	1	13623
	Quimper	95	3213	»	3213				
	Quimperlé.	39	3302	»	3302				
	Report. . .	17265	743856	543	744399				

DÉPARTEMENTS.	ARRONDISSEMENTS.	RELEVÉ PAR ARRONDISSEMENTS.				RELEVÉ PAR DÉPARTEMENTS.			
		NOMBRE de registres.	NOMBRE DE VOTES			NOMBRE de registres.	NOMBRE DE VOTES		
			Pour oui.	Pour non.	TOTAL.		Pour oui.	Pour non.	TOTAL.
	Ci-contre.					17265	742856	543	744399
33. Forêts	Bittbourg	84	6850	28	6858				
	Dieckirch	91	4228	»	4228	476	23740	32	23772
	Luxembourg.	142	6997	4	7001				
	Neuchâteau	159	5685	»	5685				
34. Gard.	Alais	149	4878	»	4878				
	Nismes	146	5642	»	5642	590	20984	»	20984
	Uzès.	165	4853	»	4853				
	Vigau (le).	130	5611	»	5611				
35. Garonne (Haute). .	Castel-Sarrasin.	126	4508	»	4508				
	Gaudens (Saint-). . . .	257	14007	3	14010				
	Murel.	168	7597	»	7597	882	38325	7	38332
	Toulouse	206	8888	1	8889				
	Villefranche	125	3325	3	3328				
36. Gers.	Auch.	179	4388	8	4396				
	Condom.	144	3200	5	3205				
	Lectoure	147	6320	3	5323	841	24224	19	24243
	Lomber.	124	4202	1	4203				
	Mirande.	247	7114	2	7116				
	Report. . .					20054	850129	601	851730

DÉPARTEMENTS.	ARRONDISSEMENTS.	RELEVÉ PAR ARRONDISSEMENTS.				RELEVÉ PAR DÉPARTEMENTS.			
		NOMBRE de registres.	NOMBRE DE VOTES			NOMBRE de registres.	NOMBRE DE VOTES		
			Pour oui.	Pour non.	TOTAL.		Pour oui.	Pour non.	TOTAL.
De l'autre part. . . .						20054	851129	601	851730
37. Gironde	Bazas.	83	3011	1	3012	764	20527	21	20548
	Blaye.	82	1641	»	1641				
	Bordeaux	245	6600	16	6616				
	Lespare.	53	2213	1	2214				
	Libourne	174	3535	2	3536				
	Réole (la).	127	3528	1.	3529				
38. Golo.	Bastia.	148	12500	1	12501	348	28864	1	28865
	Calvi.	60	4785	»	4785				
	Corté.	140	11579	»	11579				
39. Hérault.	Beziers	168	8405	»	8405	494	23185	7	23192
	Lodeve	98	5400	2	5402				
	Montpellier.	163	7317	5	7322				
	Pons (Saint-).	65	2063	»	2063				
40. Ille et Vilaine . . .	Fourgeres.	88	2057	»	2057	562	20769	11	20780
	Malo (Siant-).	114	4480	5	4485				
	Montfort.	70	4244	»	4244				
	Redon.	75	2097	»	2097				
	Rennes.	119	3926	4	3930				
	Vitré	96	3965	2	3967				
	Report. . . .					22224	944474	641	945115

DÉPARTEMENTS.	ARRONDISSEMENTS.	RELEVÉ PAR ARRONDISSEMENTS.				RELEVÉ PAR DÉPARTEMENTS.			
		NOMBRE de registres.	NOMBRE DE VOTES			NOMBRE de registres.	NOMBRE DE VOTES		
			Pour oui.	Pour non.	TOTAL.		Pour oui.	Pour non.	TOTAL.
	Ci-contre.					22224	944474	641	944115
41. Indre.	Blanc (le)	91	2278	»	2278	367	10078	»	10078
	Châteauroux	114	3561	»	3561				
	Châtre (la)	95	2338	»	2338				
	Issoudun	67	1901	»	1901				
42. Indre et Loire.	Chinon	771	6576	2	6578	510	18734	6	18740
	Loches	121	3883	2	3885				
	Tours	212	8275	2	8277				
43. Isère.	Grenoble	294	26837	10	26847	773	82084	12	82096
	Marcelin (S.-)	123	16762	»	16762				
	Tour-du-Pin (la)	167	16674	2	16676				
	Vienne	189	21811	»	21811				
44. Jemmapes	Charleroy	179	5324	6	5330	559	19038	19	19057
	Mons	182	8127	4	8131				
	Tournay	198	5587	9	5596				
45. Jura	Claude (S.-)	157	3395	23	3418	858	17275	74	17349
	Dôle	188	3404	5	3409				
	Lons-le-Saulnier	336	5958	20	5978				
	Poligny	197	4518	26	4544				
	Report.					25291	1091683	752	1092435

DÉPARTEMENTS.	ARRONDISSEMENTS.	RELEVÉ PAR ARRONDISSEMENTS.				RELEVÉ PAR DÉPARTEMENTS.			
		NOMBRE de registres.	NOMBRE DE VOTES			NOMBRE de registres.	NOMBRE DE VOTES		
			Pour oui.	Pour non.	TOTAL.		Pour oui.	Pour non.	TOTAL.
	De l'autre part.					25291	1091683	752	1092435
46. Landes.	Dax	145	14445	1	14446	460	45767	6	45773
	Mont-de-Marsan	158	15828	3	15831				
	Sever (S.-).	157	15494	2	15496				
47. Léman.	Bonneville	71	2830	6	2836	339	10114	43	10157
	Geneve.	114	5223	36	5259				
	Thonon.	54	2061	1	2062				
48. Liamone	Ajaccio.	80	6882	»	6882	196	16153	»	16153
	Sartene.	65	5576	»	5576				
	Vico.	51	3695	»	3695				
49. Loir et Cher.	Blois.	193	5236	4	5240	423	16933	8	10741
	Romorantin.	82	2251	2	2253				
	Vendôme.	148	3246	2	3248				
50. Loire.	Etienne (Saint-)	110	4944	2	4946	417	14391	5	14396
	Montbrizon.	148	4209	»	4209				
	Roanne.	159	5238	3	5241				
51. Loire (Haute).	Brioude.	162	7775	»	7775	425	21865	»	21865
	Puy (le).	185	9780	»	9780				
	Yssengeaux	78	4310	»	4310				
	Report.					27551	1216906	814	1217720

DÉPARTEMENTS.	ARRONDISSEMENTS.	RELEVÉ PAR ARRONDISSEMENTS.				RELEVÉ PAR DÉPARTEMENTS.			
		NOMBRE de registres.	NOMBRE DE VOTES			NOMBRE de registres.	NOMBRE DE VOTES		
			Pour oui.	Pour non.	TOTAL.		Pour oui.	Pour non.	TOTAL.
	Ci-contre.					27551	1216906	814	1217720
	Ancenis.	52	1932	»	1932				
	Chateaubriant.	62	1946	1	1947				
52. Loire inférieure . .	Nantes	132	15868	»	15868	390	24503	3	24506
	Paimbœuf.	51	1654	1	1655				
	Savenay	93	3103	1	3104				
	Gien.	72	3339	»	3339				
53. Loiret	Montargis.	134	4329	»	4329	534	22990	»	22990
	Orléans.	190	9207	»	9207				
	Pithiviers	138	6115	»	6115				
	Cahors	172	15600	1	15601				
54. Lot	Figeaes..	158	6680	»	6680	581	39783	6	39789
	Gourdon	97	6517	5	6522				
	Montauban.	154	10986		10986				
	Agen.	208	6139	4	6143				
55. Lot et Garonne. .	Marmande	198	7187	2	7189	655	20061	10	20071
	Nérac.	91	2704	1	2705				
	Villeneuve-d'Agen. . . .	158	4031	3	4034				
	Florac	91	3233	3	3236				
56. Lozere	Marvejols	114	4428	»	4428	293	12007	4	12011
	Mende	88	4346	1	4347				
	Report.					30004	1336250	837	1337087

DÉPARTEMENTS.	ARRONDISSEMENTS.	RELEVÉ PAR ARRONDISSEMENTS.				RELEVÉ PAR DÉPARTEMENTS.			
		NOMBRE de registres.	NOMBRE DE VOTES			NOMBRE de registres.	NOMBRE DE VOTES		
			Pour oui.	Pour non.	TOTAL.		Pour oui.	Pour non.	TOTAL.
	De l'autre part. . .					30004	1536250	837	1337087
	Bruges.	123	6508	4	6512				
57. Lys	Courtray . ~	100	4259	3	4262	376	18223	8	18231
	Furnes.	80	2999	»	2999				
	Ypres.	73	4457	1	4458				
	Angers.	105	6600	6	6606				
	Beaugé.	93	5105	»	5105				
58. Maine et Loire. . .	Beaupreau	96	7118	»	7118	602	40759	10	40589
	Saumur.	195	10681	3	10684				
	Segré.	113	11075	1	11076				
	Avranches	155	7017	»	7017				
	Coutances.	170	19400	4	19404				
59. Manche.	Lô (Saint-)	154	7524	»	7524	809	48430	8	48438
	Mortain	97	4447	»	4447				
	Valogne	233	10042	4	10046				
	Alexandrie	52	7158	»	7158				
	Bobio	35	2218	»	2218				
60. Marengo	Casale	111	6595	16	6611	382	25348	18	25366
	Tortone	89	5012	1	5013				
	Vogere.	95	4365	1	4366				
	Report. . . .	32173	1469010	881	1469891				

DÉPARTEMENTS.	ARRONDISSEMENTS.	RELEVÉ PAR ARRONDISSEMENTS.				RELEVÉ PAR DÉPARTEMENTS.			
		NOMBRE de registres.	NOMBRE DE VOTES			NOMBRE de registres.	NOMBRE DE VOTES		
			Pour oui.	Pour non.	TOTAL.		Pour oui.	Pour non.	TOTAL.
	Ci-contre					32173	1469010	881	1469891
	Chalons sur Marne. . .	101	2833	1	2834				
	Epernay	269	4922	10	4932				
61. Marne	Ménéhould (Sainte-). .	97	1663	»	1663	871	18990	17	19007
	Reims	241	7127	3	7130				
	Vitry sur Marne. . . .	163	2445	3	2448				
	Chaumont	243	6472	4	6476				
62. Marne (Haute) . .	Langres	276	6902	7	6909	707	19280	25	19305
	Wassy	188	5906	14	5920				
	Château-Gontier. . . .	102	4863	1	4864				
63. Maïenne	Laval.	120	4193	1	4194	397	15712	2	15714
	Maïenne	175	6656	»	6656				
	Château-Salins. . . .	158	5640	10	5650				
	Lunéville.	245	6787	15	6802				
64. Meurthe	Nancy	172	9200	5	9205	860	32316	41	32357
	Sarrebourg	139	5366	5	5371				
	Toul.	146	5323	6	5329				
	Bar sur Ornain. . . .	162	4063	2	4065				
65. Meuse	Commercy	215	7108	6	7114	723	21152	17	21169
	Montmédy	160	4519	»	4519				
	Verdun.	186	5462	9	5471				
	Report . . . . : .					35731	1576460	983	1577443

8

DÉPARTEMENTS.	ARRONDISSEMENTS.	RELEVÉ PAR ARRONDISSEMENTS.				RELEVÉ PAR DÉPARTEMENTS.			
		Nombre de registres.	Pour oui.	Pour non.	TOTAL.	Nombre de registres.	Pour oui.	Pour non.	TOTAL.
	De l'autre part. . . .					35731	1576460	983	1577443
66. Meuse-inférieure. .	Hasselt	115	12221	7	12228				
	Maestricht	155	13656	»	13656	354	30227	11	30238
	Ruremonde.	84	4350	4	4354				
67. Mont-Blanc	Annecy.	75	4115	2	4117				
	Chambéry	138	8968	3	8971	350	22649	12	22661
	Jean de Maurienne (St-).	66	4500	»	4500				
	Moutiers	71	5006	7	5073				
68. Mont-Tonnerre . .	Deux-Ponts	69	6860	4	6864				
	Kaisers-Lautern	127	4959	102	5061	576	39299	131	39430
	Maïence	187	12645	5	12650				
	Spire.	193	14835	20	14855				
69. Morbihan.	Lorient.	95	2952	»	2952				
	Pontivy	65	2814	»	2814	372	19535	1	19536
	Ploërmel	101	7742	»	7742				
	Vannes.	111	6027	1	6028				
70. Moselle.	Briey.	186	7129	1	7130				
	Metz.	311	22243	7	22250	1031	54975	26	55001
	Sarguemines	224	11275	9	11284				
	Thionville.	310	14328	9	14337				
	Report	38414	1743145	1164	1744309				

DÉPARTEMENTS.	ARRONDISSEMENTS.	RELEVÉ PAR ARRONDISSEMENTS.				RELEVÉ PAR DÉPARTEMENTS.			
		NOMBRE de registres.	NOMBRE DE VOTES			NOMBRE de registres.	NOMBRE DE VOTES		
			Pour oui.	Pour non.	TOTAL.		Pour oui.	Pour non.	TOTAL.
	Ci-contre					38414	1743145	1164	1744309
71. Nethes (Deux)	Anvers	86	2995	5	3000				6
	Malines	87	1672	3	1675	251	11387	9	1139
	Turnhout	78	6720	1	6721				
72. Nievre	Château-Chinon	95	6105	»	6105				
	Clamecy	127	6262	1	6263	469	26654	8	26662
	Cosne	98	6873	»	6873				
	Nevers	149	7414	7	7421				
73. Nord	Avesnes	202	12899	11	12910				
	Cambray	132	5280	»	5280				
	Douay	194	14934	»	14940	898	65088	31	65119
	Dunkerque	89	9181	2	9183				
	Hazebrouck	77	11623	1	11624				
	Lille	204	11171	11	11182				
74. Oise	Beauvais	280	12103	4	12107				
	Clermont	194	7422	1	7423	858	34261	17	34278
	Compiegne	201	9474	8	9482				
	Senlis	183	5262	4	5266				
	Report	40890	1890535	1229	1891764				

DÉPARTEMENTS.	ARRONDISSEMENTS.	RELEVÉ PAR ARRONDISSEMENTS.				RELEVÉ PAR DÉPARTEMENTS.			
		NOMBRE de registres.	NOMBRE DE VOTES			NOMBRE de registres.	NOMBRE DE VOTES		
			Pour oui.	Pour non.	TOTAL.		Pour oui.	Pour non.	TOTAL.
	De l'autre part . . .					4089o	189o535	1229	1891764
	Alençon	133	4487	1	4488				
75. Orne	Argentan	284	7741	5	7746	763	26573	1o	26583
	Domfront	137	5652	4	5656				
	Mortagne	2o9	8693	»	8693				
	Huy	169	615o	»	615o				
76. Ourte	Liege	183	12737	3	1274o	462	29359	1o	29369
	Malmedy	11o	10472	7	10479				
	Arras	259	14376	3	14379				
	Béthune	176	81o1	9	811o				
77. Pas-de-Calais . . .	Boulogne	133	7475	»	7475	1123	56542	-17	56559
	Montreuil	171	5163	1	5164				
	Omer (Saint-)	163	12317	2	12319				
	Pol (Saint-)	221	911o	2	9112				
78. Pô	Pignerol	198	7857	68	7925	595	23862	2o4	24066
	Suse	197	729o	63	7353				
	Turin	2oo	8715	73	8788				
	Report					43833	2o26871	147o	2o28341

DÉPARTEMENTS.	ARRONDISSEMENTS.	RELEVÉ PAR ARRONDISSEMENTS.				RELEVÉ PAR DÉPARTEMENTS.			
		NOMBRE de registres.	NOMBRE DE VOTES			NOMBRE de registres.	NOMBRE DE VOTES		
			Pour oui.	Pour non.	TOTAL.		Pour oui.	Pour non.	TOTAL.
	Ci-contre					43833	2026871	1470	2028341
	Ambert.	109	4396	«	4396				
	Clermont.	210	9603	3	9606				
79. Puy-de-Dôme . . .	Issoire	178	5351	5	5356	789	30974	13	30987
	Riom.	208	8758	4	8762				
	Thiers	84	2866	1	2867				
	Baïonne.	86	8152	«	8152				
	Mauléon	171	8450	5	8455				
80. Pyrénées (Basses).	Oléron.	101	6292	9	6301	759	41059	18	41077
	Orthès	186	7487	2	7489				
	Pau	215	10678	2	10680				
	Argelez.	124	4903	«	4903				
81. Pyrénées (Hautes) .	Bagnères	234	7338	13	7351	611	22461	17	22478
	Tarbes	253	10220	4	10224				
	Ceret.	56	4445	1	1446				
82. Pyrénées orientales.	Perpignan.	61	4259	11	4270	243	9451	17	9468
	Prades	126	3747	5	3752				
	Report					46235	2130816	1535	2132351

DÉPARTEMENTS.	ARRONDISSEMENTS.	RELEVÉ PAR ARRONDISSEMENTS.				RELEVÉ PAR DÉPARTEMENTS.			
		NOMBRE de registres.	Pour oui.	Pour non.	TOTAL.	NOMBRE de registres.	Pour oui.	Pour non.	TOTAL.
	De l'autre part					46235	2130816	1535	2132351
83. Rhin (Bas)	Barr.	144	13369	3	13372				
	Saverne	192	8805	3	8808	755	53406	18	53424
	Strasbourg	214	16298	6	16404				
	Wissembourg	205	14834	6	14840				
84. Rhin (Haut) . . .	Altkirch	184	15770	41	15811				
	Béfort	217	8680	12	8692				
	Colmar	181	17363	7	17370	795	53673	127	53800
	Delemont	127	5270	50	5320				
	Porentruy	86	6590	17	6607				
85. Rhin et Moselle . .	Bonn	146	13274	19	13293				
	Coblentz	113	12518	29	12547	340	36382	88	36470
	Simmern	81	10590	40	10630				
86. Rhône	Lyon.	218	17231	6	17237	396	23938	7	23945
	Villefranche.	178	6707	1	6708				
87. Roër	Aix-la-Chapelle	159	28132	57	28189				
	Cleves	72	18505	6	18511	442	94404	161	94565
	Cologne	96	22680	8	22688				
	Creveldt	115	25087	90	25177				
	Report.					48963	2392619	1936	2394555

DÉPARTEMENTS.	ARRONDISSEMENTS.	RELEVÉ PAR ARRONDISSEMENTS.				RELEVÉ PAR DÉPARTEMENTS.			
		NOMBRE de registres.	NOMBRE DE VOTES Pour oui.	Pour non.	TOTAL.	NOMBRE de registres.	NOMBRE DE VOTES Pour oui.	Pour non.	TOTAL.
	Ci-contre					48963	2392619	1936	2394555
88. Sambre et Meuse. .	Dinant.	154	2486	2	2488				
	Hubert (Saint-)	95	1676	»	1676	560	11739	3	11742
	Marche (la).	135	3565	»	3565				
	Namur.	176	4012	1	4013				
89. Saône (Haute). . .	Gray	228	9043	33	9076				
	Lure.	263	11454	25	11479	784	32113	74	32187
	Vésoul	293	11616	16	11632				
90. Saone et Loire. . .	Autun.	125	10022	2	10024				
	Chalons sur Saône . . .	215	12447	8	12455				
	Charoles.	192	11706	1	11707	861	54659	14	54673
	Louhans.	121	7940	»	7940				
	Mâcon	202	12544	3	12547				
91. Sarre.	Birckenfeld	60	12147	46	12193				
	Prum.	61	6099	7	6106	260	38909	68	38977
	Sarrebruck..	65	9742	»	9742				
	Treves	74	10921	15	10936				
	Report					51428	2530039	2095	2532134

DÉPARTEMENTS.	ARRONDISSEMENTS.	RELEVÉ PAR ARRONDISSEMENTS.				RELEVÉ PAR DÉPARTEMENTS.			
		NOMBRE de registres.	NOMBRE DE VOTES			NOMBRE de registres.	NOMBRE DE VOTES		
			Pour oui.	Pour non.	TOTAL.		Pour oui.	Pour non.	TOTAL.
	De l'autre part					51428	2530039	2095	2532134
92. Sarthe	Calais (Saint-)	95	3199	»	3199				
	Fleche (la)	118	4701	2	4703	593	26154	6	26160
	Mamers.	197	9209	4	9213				
	Mans.	183	9045	»	9045				
93. Seine.	Denis (Saint-)	56	1678	2	1680				
	Paris	319	117504	66	117570	432	120947	70	121017
	Sceaux	57	1765	2	1767				
94. Seine inférieure . .	Dieppe	239	13601	4	13605				
	Havre (le).	180	9103	»	9103				
	Neufchâtel	220	8881	3	8884	1107	64208	10	64218
	Rouen	241	19613	3	19616				
	Yvetot.	227	13010	»	13010				
95. Seine et Marne. . .	Coulommiers	142	6713	2	6715				
	Meaux.	142	6709	2	6711				
	Melun	143	6709	2	6711	711	33549	13	33562
	Provins.	142	6709	5	6714				
	Fontainebleau.	142	6709	2	6711				
	Report					54171	2774897	2194	2777091

DÉPARTEMENTS.	ARRONDISSEMENTS.	RELEVÉ PAR ARRONDISSEMENTS.				RELEVÉ PAR DÉPARTEMENTS.			
		NOMBRE de registres.	NOMBRE DE VOTES			NOMBRE de registres.	NOMBRE DE VOTES		
			Pour oui.	Pour non.	TOTAL.		Pour oui.	Pour non.	TOTAL.
	Ci-contre.					54171	2774897	2194	2777091
	Corbeil.	119	4152	1	4153				
	Etampes	137	7383	1	7384				
96. Seine et Oise. . . .	Mantes.	156	10827	»	10827	881	52906	9	52915
	Pontoise	209	15554	1	15555				
	Versailles.	260	14990	6	14996				
	Bielle.	120	4692	32	4724				
97. Sésia.	Santhia.	120	4690	30	4720	359	14071	90	14161
	Verceil.	119	4689	28	4717				
	Melle.	227	12609	»	12609				
98. Sevres (Deux). . .	Niort.	229	12839	»	12839	728	53140	»	53140
	Parthenay	157	18873	»	18873				
	Thouars	115	8819	»	8819				
	Abbeville.	223	7232	3	7235				
	Amiens.	315	4491	3	4494				
99. Somme	Doulens	108	19010	»	1910	1042	19869	36	19895
	Montdidier	175	2596	»	2596				
	Péronne	221	3640	20	3660				
	Report. . . .	57181	2914883	2329	2917212				

DÉPARTEMENTS.	ARRONDISSEMENTS.	RELEVÉ PAR ARRONDISSEMENTS.				RELEVÉ PAR DÉPARTEMENTS.			
		NOMBRE de registres.	NOMBRE DE VOTES			NOMBRE de registres.	NOMBRE DE VOTES		
			Pour oui.	Pour non.	TOTAL.		Pour oui.	Pour non.	TOTAL.
	De l'autre part. . . .					57181	2914883	2329	2917212
100. Sture.	Côni	82	5102	18	5120	320	17568	65	17633
	Mondovi	80	4380	16	4396				
	Saluces.	80	4104	16	4120				
	Savilian.	78	3982	15	3997				
101. Tanaro.	Acqui	164	10999	9	11008	495	33853	32	33885
	Alba.	166	11570	13	11583				
	Asti	165	11284	10	11294				
102. Tarn.	Albi	142	8703	5	8708	519	38626	7	38633
	Castres.	158	5635	»	5835				
	Gaillac.	125	17977	»	17977				
	Lavaur.	94	6111	2	6113				
103. Var	Brignolles.	117	2226	»	2226	480	10585	»	10585
	Draguignan.	152	3245	»	3245				
	Grasse.	124	3452	»	3452				
	Toulon.	87	1662	»	1662				
104. Vaucluse	Apt	97	3489	»	3489	346	17780	»	17780
	Avignon.	65	3887	»	3887				
	Carpentras.	80	4733	»	4733				
	Orange	104	5671	»	5671				
	Report.					59341	3033295	2433	3035728

DÉPARTEMENTS.	ARRONDISSEMENTS.	RELEVÉ PAR ARRONDISSEMENTS.				RELEVÉ PAR DÉPARTEMENTS.			
		NOMBRE de registres.	NOMBRE DE VOTES			NOMBRE de registres.	NOMBRE DE VOTES		
			Pour oui.	Pour non.	TOTAL.		Pour oui.	Pour non.	TOTAL.
	Ci-contre.					59341	3033295	2433	3035728
105. Vendée.	Fontenay	210	7133	2	7135				
	Napoléon	90	3957	2	3959	420	16632	7	16639
	Sables d'Olonne (les). .	120	5542	3	5545				
106. Vienne.	Chatellerault	95	3361	6	3367				
	Civray	74	3444	1	3445				
	Loudun.	83	2177	»	2177	490	16591	7	16598
	Montmorillon	90	3005	»	3005				
	Poitiers.	148	4604	»	4604				
107. Vienne (Haute). .	Bellac.	125	4741	»	4741				
	Limoges.	99	6548	»	6548	334	19822	»	19822
	Rochehouart	51	4256	»	4256				
	Yrieix (Saint-).	59	4277	»	4277				
108. Vosges	Dié (Saint-).	132	3721	27	3748				
	Epinal	137	5684	40	5724				
	Mirecour	179	3612	15	3627	554	20480	107	20587
	Neufchâteau.	157	2996	13	3009				
	Remiremont	49	4467	12	4479				
	Report. . . .					61232	3089440	2554	3091994

DÉPARTEMENTS.	ARRONDISSEMENTS.	RELEVÉ PAR ARRONDISSEMENTS.				RELEVÉ PAR DÉPARTEMENTS.			
		NOMBRE de registres.	NOMBRE DE VOTES			NOMBRE de registres.	NOMBRE DE VOTES		
			Pour oui.	Pour non.	TOTAL.		Pour oui.	Pour non.	TOTAL.
	De l'autre part. . . .					61232	3089440	2554	3091994
	Auxerre.	202	10750	6	10756				
	Avalon	96	5081	2	5083				
109. Yonne	Joigni.	146	6827	2	6829	681	31106	14	31120
	Sens	117	4370	2	4372				
	Tonnerre.	120	4078	2	4080				
	Totaux des départements.					61913	3120546	2568	3123114
	Armée de terre.					»	400000	»	400000
	Armée de mer.					»	50000	»	50000
	Agences politiques et commerciales.					54	1764	11	1775
	École de Rome.					1	19	»	19
	Totaux généraux.					61968	3572329	2579	3574908

Signé à la minute, Lacépède, Boissy-d'Anglas, Jaucourt, Roederer, Lenoir-Laroche, Démeunier, et Vernier.

RAPPORT

Fait au Sénat dans sa séance dn 15 brumaire an XIII par le sénateur ROEDERER, au nom de la Commission spéciale chargée de l'examen du projet de sénatus-consulte relatif au recensement des votes émis pour l'hérédité.

Sénateurs,

Le procès-verbal dont vous venez d'entendre la lecture constate que 3,572,329 citoyens ont déclaré vouloir l'hérédité de la dignité impériale dans la descendance directe, naturelle, légitime et adoptive de Napoléon Bonaparte, et dans la descendance naturelle et légitime de Joseph Bonaparte, et de Louis Bonaparte, ainsi qu'il est réglé par le sénatus-consulte du 28 floréal an XII.

Ce nombre de votants, vous le savez, Sénateurs, constitue le corps de l'Etat: les femmes, les mineurs, les hommes en état de domesticité, les indigents, les malades, les absents, forment plus de cinq sixiemes de la population nationale.

Ce nombre excede celui des citoyens qui en l'an VIII ont conféré le suprême pouvoir à Napo-

LÉON, et celui des votes qui en l'an XII le lui ont conféré pour la vie. Ce progrès ne vous paroîtra pas moins remarquable que ne l'a été la provocation du vœu national trois fois répétée par le Chef de l'état. Elevé à ce rang par l'enthousiasme général, il sembla vouloir lui-même appeler deux ans après à l'expérience et à la froide justice : malgré le mal aise qu'à cette époque l'insuffisance des récoltes faisoit éprouver au peuple, la reconnoissance publique lui répondit par une acclamation encore plus générale que la premiere. Il provoque aujourd'hui une nouvelle expression de la volonté nationale, au milieu de la souffrance inséparable d'un état de guerre; et l'affection publique se leve encore pour déclarer qu'elle veut cimenter, perpétuer l'union établie entre elle et son Chef, et mettre dans une dépendance mutuelle la destinée de ses héritiers et celle de nos derniers neveux.

Vous aviez pressenti ou plutôt reconnu le vœu national, Sénateurs, lorsque par votre message du 6 germinal dernier vous demandâtes au Chef de l'Etat *d'assurer aux enfants le bonheur que lui devoient les peres.* Vous pouvez vous féliciter de cette heureuse intelligence des desirs du peuple; elle est le fruit de la fidele habitude où vous êtes de méditer sur ses intérêts et de consulter ses sentiments.

Le peuple français a dû vouloir l'hérédité du pouvoir suprême.

L'histoire de tous les âges et de tous les pays avoit dès long-temps montré aux hommes éclairés l'utilité de cette institution. Les esprits les moins cultivés purent en savoir autant que les sages, quand la nation eut recommencé sur elle-même, pendant dix années de révolution, l'expérience de tant de peuples et de tant de siecles, et après que tant d'histoires se furent reproduites et mises en action dans cette histoire de dix ans, où chaque citoyen fut acteur et témoin.

Dans cette révolution où le peuple français se montra si formidable à ses ennemis, il apprit à craindre deux fléaux qui sont ordinairement la suite l'un de l'autre, la guerre civile et l'anarchie; il apprit à les prévoir par-tout où pouvoit en reposer le germe, et à en découvrir le principe par tout où il se trouveroit caché. Il envisagea comme une crise nouvelle la vacance d'un pouvoir électif; il vit avec joie la loi de l'Etat conférer au restaurateur de l'Etat la faculté de désigner son successeur; à celui qui avoit su recommencer la gloire de la France, le droit de choisir le plus

capable de la conserver ; à celui qui devoit trouver l'immortalité dans ses œuvres, le droit de
préférer celui qu'il jugeroit le plus intéressé à
l'assurer : d'ailleurs il avoit pu, ainsi que le peuple
romain, prévoir dans le regne d'Antonin celui de
Marc-Aurele. Mais l'avenir n'offroit pas les mêmes
sûretés ; le présent étoit agité de l'inquiétude de
l'avenir ; l'expérience autorisoit à craindre également pour la suite, et les élections populaires, et
les désignations arbitraires : elle demandoit pour
nos neveux ce systême complet de l'hérédité qu'elle
a consacré, ce systême dont la puissance est égale
pour écarter toute semence de discorde, et du
sein de la famille régnante, et du sein de la nation ;
ce systême qui, d'un côté, préservant des influences
des cours, prévient de l'autre et les influences de
l'étranger toujours trop sensibles dans les élections,
et celles des anciennes prétentions, et celles des
nouvelles ambitions ; les factions, les séditions, la
corruption ; des élections opposées entre elles, des
acclamations opposées aux élections ; des regnes
tumultueux sous des princes foibles à qui un grand
parti dispute son titre, à qui le reste de l'Etat
vend chèrement l'aveu qu'il lui donne ; des regnes
tyranniques et sanguinaires sous des princes vio-
lents qu'irritent les partis contraires ; des inter-

regnes plus funestes que les plus mauvais regnes :
tems où périssent les lois , et où la société tombe
dans une déplorable dissolution.

Autant il est naturel que les opinions soient
partagées sur des choix qui sont l'ouvrage d'une
ou plusieurs opinions , autant il est naturel que
le respect public s'attache aux nominations que
fait la loi, qu'elle fait d'avance pour un long avenir, sans acception de personne, et sur-tout en se
conformant aux regles générales qui concernent
l'héredité des droits impartageables dans les familles.

L'institution de l'hérédité du pouvoir est forte
contre les prétentions et contre les ambitions
particulieres, parcequ'elle place les héritiers na-
turels du trône sous la sauve-garde de ces habi-
tudes et de ces opinions communes à tous les
citoyens qui dans les successions font passer les
droits indivisibles à celui des descendants, ou, à
défaut de descendans, à celui des collatéraux que
l'âge fait considérer comme le plus sage et le plus
fort.

Cette institution est puissante , parcequ'elle
met l'héritier du pouvoir , dès l'instant de sa
naissance, en possession des esprits, et qu'elle
lui soumet les enfants des citoyens au sortir de

leur berceau. Quand il se présente pour régner
au moment marqué par la loi , il ne trompe aucune espérance, il n'étonne aucune ambition ,
il ne blesse aucun titre, il n'offense aucun amour-
propre. Né sur le trône, il n'avoit plus qu'à s'y
asseoir.

Cette institution est forte, parcequ'elle attache
étroitement à tous les héritiers du prince tous
les descendants des familles considérables qui ont
reçu de lui quelque bienfait, ou ont été placés
près de lui dans un rang honorable.

A ces motifs de respect pour l'hérédité, se joint
l'idée universellement établie, qu'elle contribue
à la douceur du Gouvernement, et à l'excellence
de l'administration. Elle contribue à la douceur
du Gouvernement en unissant dans l'esprit du
prince le sort de sa postérité et celui de l'Etat,
et en tendant à les confondre dans ses affections.
Elle conseille au prince la conservation et le bonheur de sa famille pour la sûreté de l'Etat, et le
bonheur public pour la gloire et la sûreté de sa
famille; elle recommande à sa prudence l'établissement ou le maintien de toutes les institutions
propres à préserver ses successeurs de la négli-
gence ou de l'abus du pouvoir, les seuls ennemis
que la stabilité puisse trouver irréconciliables
sous le système de l'hérédité.

Elle contribue à l'excellence de l'administration, nous dirions presque à ses merveilles, en
attachant aux mêmes vues une longue suite de
princes animés du même esprit, dirigés par un
même intérêt, en imposant à chacun l'accomplis-
sement des desseins utiles qui ont été conçus par
ses prédécesseurs, en promettant à tous l'exécution parfaite des ouvrages utiles qu'ils auront en-
trepris, en favorisant ainsi la conception des plus
vastes projets d'intérêt général. L'hérédité seule
peut réunir, et, si l'on peut s'exprimer ainsi,
rendre présent dans chaque regne l'intérêt de plusieurs autres regnes, entretenir dans une con-
stante intelligence tous les âges et toutes les parties
d'un grand empire, unir l'Océan et la Méditer-
ranée, le nord et le midi, le passé et l'avenir.

Telles ont été, Sénateurs, les considérations générales qui ont fait desirer en France l'hérédité du
suprême pouvoir. Vous n'avez pas oublié les circonstances où ce sentiment s'est développé dans
toute son énergie. Les factions étoient dissipées,
les séditions n'étoient plus à craindre ; mais les
poignards, derniere ressource des prétentions
renversées, des ambitions comprimées, étoient
pour la troisieme fois, depuis quatre ans, levés
sur le Chef de l'Etat. Outre les dangers qui ve-

noient le chercher dans son palais, on prévit
dans cette guerre nouvelle que sa modération
n'avoit pu prévenir, ceux qu'il iroit chercher
lui-même au sein de l'orgueilleuse contrée qu'ha-
bitent les éternels ennemis de la France. Chacun alors sentit son propre péril, et les alarmes
de ce moment pénible solliciterent vivement
pour l'avenir comme pour elles-mêmes, la seule
institution qui promît de la sécurité. Deux freres
dont le Chef de l'Etat a dès long-temps éprouvé
les talents, les vertus et l'affection, tous deux
signalés par des services éminents, l'un au sein
des conseils, dans les affaires les plus graves et
dans les négociations les plus importantes, l'autre
dans les batailles; celui-ci couvert de glorieuses
cicatrices; le premier décoré de quatre traités
de paix mémorables, qui ont été son ouvrage :
ces deux freres sembloient répondre à la nation
de l'établissement de l'hérédité dans la descendance de leur auguste famille, en préservant le
suprême pouvoir du danger de tomber à sa premiere transmission dans une minorité. Ils ré-
pondoient même de la conservation du Chef de
l'Etat, en rendant inutile, par leur seule existence,
tout attentat sur sa personne. Ainsi, Sénateurs, si
d'un côté les circonstances étoient urgentes, de

l'autre elles étoient propices lorsque vous annonçâtes le vœu général pour cette hérédité, que la volonté formelle du peuple français transmet à la descendance de NAPOLÉON ou de ses deux freres.

« Ce n'est pas, a dit l'immortel auteur de l'Esprit des Lois, « ce n'est pas pour la famille « régnante que l'ordre de succession est établi, « mais parcequ'il est de l'intérêt de l'État qu'il « y ait une famille régnante ». Sans doute, Sénateurs, la derniere partie de cette proposition recevra du temps présent une nouvelle sanction; mais pour l'ordre de succession qui s'établit aujourd'hui en France, l'affection vouée à la famille régnante n'a pas moins influé que la politique. Le peuple français a sans doute le sentiment de son intérêt; mais il en a toujours dédaigné les calculs. En lui l'intérêt est aujourd'hui confondu avec l'admiration qu'inspirent les grandes qualités, les grandes actions, les grands hommes, avec la reconnoissance qu'inspirent les choses utiles qui lui sont consacrées, avec l'amour qu'inspirent les témoignages de dévouement, et sur-tout d'amour dont il est l'objet. Ce fut l'admiration générale qui dans le principe établit le pouvoir du prince qui nous gouverne; c'est un sentiment, plus doux et plus durable encore, qui en vote aujourd'hui la perpétuité. Quand la nation vit briller dans le commandement des armées un esprit de gouvernement étendu comme l'Empire, fort comme les circonstances, éclairé comme le siecle, elle admira, elle espéra : le pouvoir épars se rendit comme de lui-même dans les mains de Bonaparte; il n'eut qu'à les fermer pour le saisir, et les mouvoir pour l'exercer. Mais quand elle eut considéré pendant près de cinq années cette infatigable application de l'esprit le plus flexible à la fois et le plus fort à tout ce qui intéressoit le bien public; quand elle eut vu cet esprit qui portoit tant de lumieres dans les conseils, néanmoins en chercher toujours dans ses conseils mêmes, et bientôt franchir l'enceinte de sa cour et de la capitale pour aller jusqu'aux extrêmes frontieres recueillir des vérités utiles, au sein du peuple, dans l'étude de ses intérêts et de ses besoins; quand elle eut remarqué le soin qu'il prenoit d'honorer les mœurs, qui sont les auxiliaires des lois, et les lumieres, qui soutiennent et perfectionnent les mœurs ; quand elle eut vu son courage et son dévouement héroïque affronter les périls de la guerre, qu'il pouvoit domter par son seul génie, chercher une victoire en Italie, en pré-

parer une autre. sur l'Océan; en un mot réa-
liser ce que Montesquieu a dit de Charlemagne,
*qu'il finissoit de toutes parts les affaires qui re-
naissoient de toutes parts*, et remplir cette tâche
dans un temps où le Gouvernement embrasse
bien d'autres intérêts, et exige bien d'autres
lumieres qu'au temps de Charlemagne......
Alors la nation prit l'habitude de se reposer sur
lui du soin de son bonheur; elle s'attacha au
pouvoir qu'il exerçoit comme au bien-être qu'elle
tenoit de lui ; elle s'attacha à sa famille comme
à l'espérance de conserver ces biens dont il faisoit jouir : elle voulut cette union indissoluble
qu'elle vient de contracter, et qui va fixer dans
le cœur des Français un sentiment qui leur a
toujours été naturel ; le besoin d'aimer le chef
qui les gouverne, et de s'en voir aimés, d'en-
seigner à leurs enfants l'amour du prince, et de
voir les princes élevés dès l'enfance à l'amour
du peuple.

Hâtons-nous, Sénateurs, de déclarer le vœu de
la nation aux nations étrangeres. Elles auront vu
les anciens monarques de la France tirer leur
puissance d'une source différente : les uns furent
élevés sur le pavois par leurs soldats ; d'autres furent couronnés par les seuls grands de l'Etat; un

grand nombre reçurent leur consécration uniquement de leur clergé. Ce triple spectacle, qui va se reproduire dans un même évènement aura été précédé d'un autre plus imposant, la manifestation libre des suffrages unanimes d'une nation où l'on peut compter autant de citoyens qu'il y a de chefs de familles, et où les lumieres ont pénétré dans toutes les classes de citoyens. Elles auront vu puiser ainsi la force avec le pouvoir dans sa véritable source, et la dignité impériale s'élever par l'étroite union du prince le plus digne de respect avec la nation la plus digne d'amour, à une hauteur jusqu'à présent inconnue.

Sur ce rapport, le Sénat a, dans la même séance, adopté le projet de Sénatus-consulte, ordonné l'impression du rapport de sa Commission spéciale, ainsi que du procès-verbal de recensement des votes, et arrêté qu'il se transporteroit en corps au palais impérial pour offrir à l'Empereur ses respectueuses félicitations, sur le nouveau témoignage de confiance et de gratitude que le Peuple français vient de donner à Sa Majesté Impériale.

M. le président du Sénat a été chargé de demander le jour et l'heure où S. M. voudroit bien recevoir le Sénat.

* 9 7 8 2 0 1 3 2 4 1 8 2 3 *